Jörg Zink

Du bist geborgen

WORTE AUS DEN PSALMEN UND BILDER AUS DEM
„STUTTGARTER PSALTER"

Eines der Bücher, die mir besonders am Herzen liegen, ist der Stuttgarter Psalter – diese mehr als tausend Jahre alte Handschrift mit ihren zauberhaften Bildern. Seit vielen Jahren suche ich mir den Mann vorzustellen, der das alte Buch von Hand schrieb und die Bilder malte, über dreihundert, von denen dieses Heft einige wenige zeigt.

Viel weiß ich nicht über ihn. Irgendwann in den Jahren um 820 oder 830 hat der in dem Kloster St. Germain des Prés, in der Nähe der Seine, vor den Mauern von Paris gelebt. Ein Mönch. Der Frankenkönig Childerich I. hatte es 543 gegründet. Im Schatten der Kirche stand das Kloster. Der Platz liegt heute mitten in Paris, die alte romanische Basilika steht noch.

Es war in den unruhigen Zeiten nach dem Tode Karls des Großen, und wir können nur ahnen, aus was für Erfahrungen heraus diese Bilder ihre Dramatik gewannen. Im 18. Jahrhundert kaufte ein württembergischer Herzog das Buch und holte es nach Stuttgart. So nennt man das Werk heute den „Stuttgarter Psalter".

Ich kann mir nach allem, was ich in ihm lese, nicht vorstellen, die Zelle des Mönchs oder sein Schreibraum sei eine Insel trauter Gelehrsamkeit gewesen. Mir scheint, es seien alle Stürme jener Zeit, die inneren und äußeren, über sein Schreibpult gegangen und durch sein Hirn und Herz. Er saß da und schrieb nach, wie die Dichter der Psalmen Gott rühmten, und es fiel ihm ein, wie viel Unrecht, dem Gott nicht widerstand, diese Menschenwelt beherrschte, wie viel Gewalt und Hochmut sich ungestört erhob und wie viel Widerspruch in dem lichten und dunklen Bild Gottes war, den er mit den alten Worten rühmte. Er fühlte, dass der Zweifel, der sich gegen Gott wehrte, auch in ihm selbst war. Und ihm las er nun seine Psalmen vor. Und ihm gab er Antwort, indem er die Worte, die so selbstverständlich scheinen, in seine tiefsinnigen und kämpferischen Bilder fasste.

Über diesem Bild lesen wir, was da in lateinischer Sprache steht:
    Ich liebe den Herrn,
    denn er hört meine flehende Stimme.
    Er hat mir sein Ohr zugeneigt,
    darum will ich ihn alle Tage anrufen.

Und darunter stehen im Stuttgarter Psalter die Worte:
    Schmerzen des Todes hatten mich umgeben,
    des Totenreichs Schrecken hatten mich getroffen.
    Ich kam in Jammer und Not.
    Aber da rief ich den Herrn an:
    O Herr, befreie meine Seele,
    barmherziger Gott. *(Psalm 116)*

Mit einer kunstvollen, wunderbar ausgewogenen Initiale „D" beginnt die Schrift: „Dilexi, qnomian, exaudiet Dominus" – „Ich liebe den Herrn, denn er hört meine flehende Stimme". Aus der Initiale wächst nach rechts ein leuchtender Himmel heraus, eine rote Wellenlinie, die das verborgene Licht Gottes meint, darunter eine blaue, die den irdischen Himmel anzeigt. Darunter aber dehnt sich in düsterem Violett eine bedrohliche Welt aus.

Da steht der Beter des Psalms, breitet die Arme aus, um Gott zu rufen, und sein Gesicht sagt deutlich genug, dass er durchaus nicht sicher ist, sein Ruf werde ein Ohr finden. In Panzer und Kettenhemd, wie ein adliger fränkischer Ritter jener Zeit, gestiefelt, aber ohne Waffen – so steht er da und weist mit der übergroßen rechten Hand zu einem Baum hinüber, während das Wehen des Mantels anzeigt, woher die Gefahr kommt.

Die große Hand deutet auf den Baum hin und sagt: Schau her, das bin ich! Siehst du die Schlange? Sie wird mich abwürgen! Einen Augenblick lang mag man sich darüber wundern, dass ein so wehrhafter Mann es nicht selbst mit der Schlange aufnimmt. Aber offenbar hat er es mit einer Gefahr zu tun, der mit Spieß und Schwert nicht beizukommen ist, die ihn vielmehr verschlingen wird, wenn nicht Gott selbst sie abwendet.

Und da sieht er, wie Gott ihm „sein Ohr zuneigt"; nein, nicht eigentlich Gott, sondern Jesus Christus. Und dieser Christus hat kein Ohr, sondern schaut aufmerksam und gesammelt zu ihm herab. Das nahe, zuhörende Gesicht des Christus, in dem Gott sich ihm zuwendet, ist das, was ihn tröstet. Um des vertrauenswürdigen Bruders willen ist er bereit, dem Vater zu glauben.

Die Schlange wendet sich nach links und speit ihr Gift gegen den Bildrand. Nur der gewellte Schwanz berührt – fast – noch den Stiefel. Der Baum steht in seiner vollen Kraft, und zwei seiner Blätter reichen aus der Zone der Bedrohung hinauf über den Himmelsrand. Der Ritter aber hat den festen Grund eines hellen Felsens unter sich, auf dem er nun als freier Mensch Stand und Halt hat.

Wenn Jesus die Seinen anweist, wenn sie zu Gott rufen, ihn einen „Vater" zu nennen, den Gott einer Welt, in der das Böse und das Elend unbesiegbare Mächte sind, dann verlangt er ein Wagnis gegen allen Augenschein. Mit diesem Wagnis aber, das sich auf keine Beweise stützt, werden sie auf festem Grund und in Gottes Welt sein.

Ein anderes der über dreihundert Bilder dieser Handschrift zeigt uns einen Menschen, der allein unterwegs ist, während hinter ihm andere stehen, die ihm mit erhobenen Händen, das heißt mit Aufmerksamkeit und Erstaunen nachsehen. Die Erde, auf der der eine geht, erweist sich an dem Wirbel, den er hinter sich lässt, als Wasser. Darüber stehen die Worte:

> Kommt her und sehet an die Werke Gottes,
> der so wunderbar ist in seinem Tun an den Menschenkindern.
> Er verwandelt das Meer in trockenes Land!
> Zu Fuß werden sie durch das Wasser gehen,
> und wir werden uns an ihm freuen!
> *(Psalm 66)*

Der 66. Psalm erinnert an die Geschichte vom Durchzug des Volkes Israel durch das Meer, als sie aus Ägypten flohen. In ihm wird erzählt, Mose habe seinen Stock genommen und in das Meer geschlagen. Da habe sich das Meer geteilt, und sie seien auf trockenem Grund hindurchgegangen.

Aber der Malermönch verändert die Geschichte. Er zeigt nicht Mose, sondern Jesus Christus, der kenntlich ist an seinem goldenen Nimbus, den er ums Haupt trägt, an dem Kreuzstab, den er in der Hand hält, und an dem Wort, das er in Gestalt eines Buches vor sich herträgt. Dieser Christus aber schlägt das Meer nicht. Er schlägt weder das Böse noch das Chaotische noch das Rätselhafte, das uns in unserem Geschick begegnen mag. Er nimmt vielmehr das Gefährliche, das Ängstigende seines Weges auf sich. Und er trägt das Wort voran, vor dem das Meer still wird.

Der Maler verändert aber auch die Szene. Christus, der das Meer nicht gespalten hat, geht nicht zwischen den Mauern aus Wasser, er geht frei auf ihm. Über der Geschichte vom Durchzug durch das Meer ist die andere Geschichte gelegt, die erzählt, Christus sei auf dem galiläischen Meer, auf dem Wasser gehend, seinen Jüngern als Herr über Meer und Strom erschienen. Da spielte sich kein Kampf mehr ab, kein Streiten gegen irgendeine böse Macht, sondern Christus tritt frei auf das Wasser, und das Wasser ist still. Es findet kein Kampf mehr statt gegen das tödliche Element. Und es will scheinen, als habe der Mönch von St. Germain der Kirche ihren Weg deuten wollen und ihr sagen: Du hast keinen Kampf nötig. Geh in den unruhigen Zeiten, in denen wir alle leben, deinen Weg still und zuversichtlich; du wirst erfahren, dass das Meer der Mächte um dich her dir nichts anhaben wird. Und dem Menschen, der sein Buch liest, scheint er zu sagen: Wehre dich nicht gegen das Schicksal, das du zu tragen hast. Stelle dich dem Leben nicht mit Widerstand entgegen. Geh deinen Weg. Sage in aller Wehrlosigkeit, wer dir vorausgeht und was er dir gesagt hat. Du wirst sehen: Das Meer trägt.

Eines der besonders schönen Bilder seines Buches malt der Schreiber zum 23. Psalm. Darüber lesen wir:

> Ich fürchte kein Böses, denn du bist bei mir.

Und darunter:

> Dein Stecken, dein Stab trösten mich.

8

Der Psalm redet Gott als den großen „Hirten" an und sagt:
   Auch wenn ich im finsteren Tal wandere,
   im Tal des Todes, fürchte ich kein Unheil,
   denn du bist bei mir. Du gibst mir Frieden. *(Psalm 23)*

Hier nun steht der Hirte zwischen zwei Bäumen in einer düsteren Landschaft. Der linke Baum scheint in einen tiefen Schatten getaucht, der rechte wirkt frischer in seinem lichteren Grün. Er steht an einem Wasser, er hat also Leben und Nahrung. In ihm spiegelt sich das schöne Wort der Bibel von dem Menschen, der wie ein Baum ist, der an einem Wasser steht, dessen Blätter grün bleiben und der Kraft hat, Frucht zu bringen.

Freilich: Gerade um diesen frischen, gesunden Baum windet sich eine Schlange, wie um seine Lebenskraft abzuwürgen. Sie fährt mit geöffnetem Maul drohend auf den Hirten zu. Der aber hält den Kreuzstab. Der Maler scheint damit zu sagen: Was mich im Tal der tödlichen Bedrohung leitet

und tröstet, das ist nicht irgendeine Waffe, sondern allein das Kreuz. Sehe ich das Kreuz an, dann weiß ich, dass die Schlange mich nicht bedroht. Denn dieser Christus bekämpft die Schlange nicht, und ich, der mit ihm im finsteren Tal ist, brauche es auch nicht zu tun, weder außer mir, noch in mir selbst.

Dieser Christus blickt über die Schlange hinweg und hält ihr, ohne sie weiter zu beachten, die wehrlose, offene Hand entgegen. Er geht an ihr vorbei und führt die Seinen auf dem Weg durch das Tal zu ihrer Weide und zum frischen Wasser, das hier als starker, klarer Strudel aus einem Felsloch quillt. Indem ich, sagt der Maler, die Bedrohung annehme und auf den Hirten sehe, statt auf die Schlange, werde ich von der Bedrohung frei. Indem ich gerade als streitbarer, wehrhafter Mensch meinen Kampf beende, gewinne ich die Freiheit, die Christus hat.

Vielleicht ist es Absicht, dass der Maler Christus nicht mit dem Kreuznimbus kenntlich macht, sondern ihm den einfachen Goldkreis um das Haupt legt. Er sagt damit: Dieser Christus war ein Mensch wie du, und er will nun nicht nur dein Herr sein, er will vielmehr in dir selbst entstehen.

Das Kreuz steht in der dunklen Landschaft aufrecht, klar, leuchtend. Nimm es in die Hand wie dieser Christus. Schau nicht auf die Schlange, sondern hebe den Blick wie er und schau auf den, der in dieser Welt, was immer geschehen mag, die einzige wirkliche Macht ist. Darauf, so sagt der Maler sich selbst und dem Betrachter seiner Bilder, verlasse dich. Es gibt keinen anderen festen Punkt, auf den du zugehen könntest, wenn es wirklich dunkel wird, als dieses Zeichen der Liebe Gottes und der Auferstehung aus jeder Art Tod in das bleibende Leben.

Wozu sorge ich mich?

Wie der 23. Psalm in der Sprache eines Menschen unserer Zeit lauten könnte:

Bei Gott bin ich geborgen –
wozu sorge ich mich?

Er gibt mir Nahrung für Geist und Herz,
wenn sonst niemand meinen Hunger stillt,
wenn mir zwischen den Fingern zerrinnt,
womit Menschen mich abspeisen.

Er gibt das Wasser, das den Durst stillt,
den Durst nach dem wirklichen Leben.
Wohin immer er mich führt,
gibt er Lebensfülle und Kraft.

Er gibt mir sicheren Schritt,
er zeigt mir meinen Weg,
und der Weg wird mich
zum Leben führen,
so gewiss es Gott ist, der mich führt.

Und wenn die Lichter verlöschen,
wenn es dunkel wird,
wenn ich einsam bin oder krank,
wenn ich den Tod fürchte,

wenn ich schuldig bin vor dir, Gott,
und deine Hand nicht finde,
fürchte ich doch nicht, dich zu verlieren,
denn du bist bei mir.

Dein großes Zeichen, dein Kreuz,
tröstet mich, das Zeichen,
dass du bei mir bist in der Nacht
und ich trotz aller Not dein bin.

Du bereitest mir den Tisch.
Du sagst: Nimm hin und iss!
Du reichst mir den Becher und sagst:
Nimm hin und trink!

Ich bin ein Gast in deinem Haus,
mehr noch: dein Freund und dein Kind.
Die Tür ist offen, solange ich lebe,
und sterbend finde ich dein Haus bereit.

Glück gibst du und Frieden.
Was soll ich dir geben?
Nicht anders kann ich dir danken,
als dass ich nehme, was du gibst.

Ein Bild gibt es im Stuttgarter Psalter, das ich besonders liebe. Auf einem dunklen Haufen Erde sitzt eine kleine Frauengestalt, in Sorgen versunken, am kleinen Finger lutschend, und links und rechts von ihr ist zu lesen: „ANIMA". Die Seele. Links neben ihr steht ein Mann mit einem Instrument, aber auch ihm will seine Musik nicht so recht gelingen.

Das Bild erzählt von irgendeiner Resignation. Von irgendeiner Erfolglosigkeit. Von irgendeiner echten und tiefen Sorge um den Sinn und Zweck des ganzen mühsamen Daseins dieser „Seele". Was der Musikant neben ihr spielt und vielleicht sagt, sind Worte des 43. Psalms:

Sende dein Licht und deine Wahrheit,
dass sie mich leiten
und bringen zu deinem heiligen Berg
und zu deiner Wohnung,
dass ich hineingehe zum Altar Gottes,
zu dem Gott, der meine Freude und Wonne ist,
und dir, Gott, auf der Harfe danke, mein Gott.

Was betrübst du dich, meine Seele,
und bist so unruhig in mir?
Warte auf Gott, denn ich werde ihm noch danken,
dass er mein Angesicht hell macht,
er, mein Gott.
(Psalm 43)

Der Psalmsänger oder auch der Schreiber selbst, der seine eigenen Gedanken zu diesem Bild malt, steht am linken Bildrand. Er hält sein Palterium vor sich und reißt die Saiten mit einem kleinen Holz an. Aber ihm ist nicht nach Lobgesang zumute. Traurig schauen seine großen Augen in die Ecke. Was ihm Kummer macht, ist, dass er nicht weiß, warum Gott so ferne ist und so wenig von seiner Gegenwart und seiner Freundlichkeit zu sehen. Hat Gott ihn vergessen? Er weiß zwar in der Ferne einen Ort, an dem er Gott finden könnte, einen Tempel, aber er kann ihn nicht erreichen. In der Ferne weiß er auch einen Himmel, in dem Gott thront, aber Gott nimmt ihn von dort aus offenbar nicht wahr. Dabei hängen doch sein Leben und Werk davon ab, dass Gott ihn sieht. So tröstet er sich allein noch damit, dass es wohl nur eine Frage der Zeit sei, bis er mit freiem Herzen Gott wieder danken dürfe und ihn mit seinem Lied preisen.

Zunächst hockt seine „Seele", zu der er spricht, einsam, klein und verängstigt auf einem dunklen Sorgenhügel und schaut in die Ferne. Die ist leer. Es gibt nichts zu sehen. Und so steckt die Seele den kleinen Finger in den Mund, um sich wenigstens mit ihrer eigenen Nähe zu trösten. Es ist die depressive, in sich versunkene und vergrabene Seele, allein mit sich selbst.

Ihr sagt der Maler über die Worte des Psalms hinaus zweierlei. Zum einen: Wenn du nicht so trostlos in die Ferne schautest, könntest du in deiner nächsten Nähe fünf wunderbare, rote Blumen entdecken, die Gott unmittelbar vor deinen Füßen wachsen lässt. Und zum anderen: Hinter deinem Rücken wächst ein Baum. Der steht für alles, was in deinem Leben wachsen und gedeihen und Frucht tragen will, wenn du es nicht verhinderst. Dein Leben hat einen festeren Grund, als du meinst. Es gelingt mehr, als du sehen kannst. Aber das wirst du nicht wahrnehmen, solange du auf dieser Erde lebst, und schon gar nicht, solange du deine Augen mit deiner eigenen Hand verdeckst. Du wirst es auch am Ende deines Lebens, wenn du zusammenzählst, nicht mitzählen können. Gott hat in deinen Kummer einen Sinn gelegt, den du erst erkennen wirst, wenn du „mit Freuden kommst und den Ertrag deines Lebens in Händen hast" (vgl. Psalm 126). Aber der Baum wächst hinter deinem Rücken. Er wurzelt im Erdboden des Elends, in dem violetten Streifen am unteren Rand. Er wächst über das hell-lila

Feld in den rötlichen Streifen hinauf, vor dem du sitzt, ohne ihn wahrzunehmen. Und mit seinem obersten Blatt ragt er über den Rand des Daseins hinauf, wie auch deine eigene Stirn mit all ihren Sorgenfalten hinausreicht in die Höhe, aus der dich Gottes Nähe berühren will.

„Christus geleite dich",
sagt ein irischer Mönch zur verängstigten Seele:
„Gott beschütze dich in der engen Schlucht,
Christus helfe dir auf dem Weg bergauf,
sein Geist umhülle dich am steilen Abhang.
Wenn du unterwegs bist im Tal oder auf dem Hügel
oder am Absturz, Christus beschütze deinen Weg.
Wenn du unterwegs bist in der engen Schlucht,
wenn du bergauf steigst oder in der Ebene schreitest,
Christus beschütze deinen Weg.
Wenn du durch das Hochland streifst, stadteinwärts gehst,
das ausgedehnte, weite Mohr durchquerst,
wenn du abwärts wanderst,
Gottes Sohn behüte deinen Fuß bei jedem Schritt,
damit du sicher nach Hause kommst."

Mit dem Wort von Gott in der linken Hand tritt der jugendliche Christus, der Ritter, wie ihn der Maler liebt, der Macht der Finsternis entgegen, und nur dieses Wort wird seine Waffe sein. Der Kampf ist freilich nicht beendet. Während der gewappnete Christus ruhig und gesammelt in die Ferne sieht, so als läge der Kampf weit hinter ihm, sind die beiden Tiere noch keineswegs überwunden. Der Löwe ist so lebendig wie eh und je. Er kann jeden Augenblick aufspringen. Die Schlange braucht sich nur um eine halbe Drehung auf die Seite zu wälzen, und der frei auf ihr stehende Kämpfer stürzt herab.

Über dem Bild steht Vers 13 des 91. Psalms (siehe auch 2. Umschlagseite):

> Super aspidem et basiliscum ambulabis
> et conculcabis leonem et draconem. –
> Über Löwen und Ottern wirst du schreiten,
> Löwen und Drachen wirst du zertreten.

Das Bild wirkt siegesgewisser, als es ist. Denn wo in aller Welt ist die Macht der Finsternis je wirklich niedergetreten worden? Die auszogen, für das Licht zu kämpfen, haben in aller Regel auch die Schatten tiefer gemacht und sei es nur dadurch, dass sie meinten, für das Licht „kämpfen" zu müssen. Im Grund ist dieses Bild nur dann wahr, wenn uns der Christus vor Augen steht, der aus dem Tod auferstand, der das Böse überwand dadurch, dass er es durchlitt. Wer das Reich ersehnt, wird damit rechnen, dass auch ihm kein anderer Sieg beschieden sein wird als der, den Christus erlangte. Er wird dort stehen, wo Christus steht, und er könnte es niemals wagen, ohne ihn dort stehen zu wollen: auf den Köpfen von Löwen und Schlangen.

Aber nun geht der Maler einen Schritt weiter. Da zeigt er die Erfahrung, die große, überraschende, beglückende einer Rettung, die nicht mehr zu erhoffen war: die Erfahrung, dass irgendwer ihn herübergerissen hat über die Bedrohung, frei, wie durch einen Flug. Über und unter dem Bild steht:

> Vom Herrn kommt es,
> wenn eines Menschen Schritt fest wird,
> und er hat Gefallen an seinem Wege.
> Fällt er, so stürzt er doch nicht,
> denn Gott hält ihn fest bei der Hand.
> *(Psalm 37)*

Und so entsteht eines der erstaunlichen Bilder dieses Buches: Zwei finstere Männer verfolgen zwei andere. Der erste der Verfolgten ist bereits gestürzt und liegt hilflos in einem Tal. Während die beiden aber nach dem anderen greifen wollen, überfliegt dieser die Schlucht, in die der erste gestürzt ist – oder besser: Er wird von der Hand Gottes, die aus dem Himmelsbogen herausgreift, über die Schlucht hinweggerissen, frei fliegend.

Unten links aber stehen Menschen, die wiederholen, womit der Psalm fortfährt:

Ich bin jung gewesen und alt geworden
und habe noch nie den Gerechten verlassen gesehen.

Sie staunen über das, was sie sehen, und sie staunen über ihre eigene Erfahrung, die sich dabei kristallisiert. Sie erkennen: Nur wo wir zuschauen, was Gott tut, wird die Gefahr, welcher Art sie immer sein mag, überwunden. Gott reißt den Christus hinüber über den Abgrund des Todes und mit ihm die, die ihm zugehören und ihn bezeugen. Die dann sagen können: „Wir sahen seine Herrlichkeit, eine Herrlichkeit, wie sie nur der hat, der ein Sohn des Vaters ist. Eine Herrlichkeit, in der die Wahrheit und Freundlichkeit Gottes aufscheint" (vgl. Johannes 1,14).

Mit einer unglaublichen Geste des freien Flugs ist hier Auferstehung gemalt: Seinsfülle aus Gott über Tod und Grab hinaus. Gefordert aber ist von den Menschen, die hier zuschauen, das Wagnis, nun alles auf diesen Glauben zu setzen, bereit zu sein, dass ihnen Gott gleichsam die Füße wegzieht und sie zu sich herüberreißt, damit das einzig Wichtige geschehen kann: Überwindung des Todes, des Bösen und aller seiner Macht.

Aber der Malermönch sagt noch etwas anderes. Du bist nicht nur geschützt. Gott wird dich nicht nur über die Gefahr hinüberreißen. Er wird dir nicht nur Licht geben auf dein trauriges Gesicht. Der Mönch malt in dem Psalm 68, in dem es heißt: „Gottes Wagen sind tausend mal tausend" einen Menschen, der in einem zweirädrigen Wagen steht, den drei Pferde in rasender Fahrt nach vorn reißen. Gott hat auch für dich, will er sagen, einen Weg. Er hat ein Ziel für dich, das du erreichen wirst. Er hat Kräfte, die dir zur Verfügung stehen. Fahr los! Wage es! Und er malt einen Menschen, der sich aufgerafft hat und sein Leben „packt", wie wir sagen würden.

Der Mensch trägt um das Haupt einen goldenen Nimbus wie auf anderen Bildern Christus. Es ist die Kraft des Christus, die ihm plötzlich zu Gebote steht, und der er vertraut. Und sein Leben findet Sinn und Ziel, es wird zu einer einzigen großen Bewegung. Es ist „erlöst", das heißt frei von aller Gebundenheit. Es ist der freie Mensch, wie ihn Gott will, wie ihn Gott schafft.

„Nun sei dieser freie Mensch!", sagt uns der Maler von St. Germain.